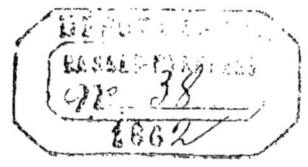

ESQUISSE

DE

MONOGRAPHIE CHRÉTIENNE.

SYMBOLISME

DE LA

NOUVELLE ÉGLISE SAINT-ANDRÉ

A BAYONNE

AU TRIPLE POINT DE VUE

DE L'ARCHITECTURE, DE LA PEINTURE ET DE LA MUSIQUE.

ESQUISSE

DE

MONOGRAPHIE CHRÉTIENNE,

Par l'Abbé C. F. GODARD,

Curé de Saint-Etienne de Bayonne.

Propter domum Domini Dei nostri
quæsivi bona tibi.
(Psal. 121, 9.)

BAYONNE,

IMPRIMERIE DE VEUVE LAMAIGNÈRE, RUE CHEGARAY, 39.

—

1862.

DÉDICACE.

Non est alia natio tàm grandis,
Quœ habeat Deos appropinquantes sibi.
(*Deut.* 4, 7.)

Monseigneur,

Il est des voix irrésistibles qui, renfermant en elles la double persuasion de l'autorité et de l'amitié, n'ont qu'à se faire entendre pour être écoutées et obéies.

Naguère, une de ces voix m'a parlé doucement, dans l'intimité du foyer. Elle me demandait, avec instance, de laisser tomber sur la nouvelle Eglise de St-André de Bayonne quelque chose de ma tête, ou plutôt de mon cœur.

Sur-le-champ, je me suis mis à l'œuvre, comme le serviteur docile et empressé du respect et du dévouement.

A propos d'édifices religieux, on a fait jusqu'à présent beaucoup d'archéologie. Mais ce qu'on n'a pas fait, hélas! c'est un peu de christianisme, et surtout de christianisme pratique. Oui, l'on s'est évertué à examiner scrupuleusement, pierre par pierre, tel ou tel temple catholique.

Et puis, on s'est arrêté là, à cette étude d'architecte et de maçon ; on a laissé le temple catholique mort et glacé, sans vie et sans aspirations divines.

Monseigneur, je n'ai pas fait ainsi ; car je ne suis ni architecte ni maçon. Voilà pourquoi, m'attachant à la contemplation de ce nouveau temple catholique, qui est l'Eglise neuve de St-André de Bayonne, je ne me suis pas abaissé à l'analyse étroite et mesquine de la construction matérielle. Je me suis élancé plus loin et plus haut. Je n'ai cherché que l'esprit du monument ; et alors le monument m'a apparu, au-dessus des vulgarités du compas et de l'équerre, dans la splendeur de sa forme idéale.

A ce point de vue, il y a, dans la nouvelle Eglise de St-André de Bayonne, autre chose qu'un édifice de pierres, muet et sans portée morale.

Saint Bonaventure, le docteur séraphique, a écrit un opuscule intitulé : *Itinerarium Mentis ad Deum ; Itinéraire de l'Ame vers Dieu.*

Dans une Eglise, consacrée au culte catholique, il y a cet itinéraire de l'âme vers Dieu ; car Jésus-Christ est réellement et substantiellement présent dans cette Eglise, et tout y converge vers lui pour remonter avec lui jusqu'à Dieu. N'est-il pas écrit, en effet : *Personne ne vient à mon père que par moi* (*) ?

En dehors du culte catholique, dans les Temples, qui sont vides de Jésus-Christ, puisqu'il n'y a, dans eux, que l'espérance stérile de sa venue ou l'ombre illusoire de son souvenir, oui,

---

(*) Nemo venit ad patrem nisi per me. (Joan. 14, 6.)

dans ces Temples, d'où Jésus-Christ est absent, il n'y a pas cette ascension vers Dieu, parce qu'il n'y a pas cette médiation vivante et efficace de l'Homme-Dieu.

Aussi ne peut-il pas y avoir d'autre vrai symbolisme religieux que le symbolisme catholique !

Que je serais heureux si, faisant toucher du doigt ce mystérieux symbolisme dans la nouvelle Eglise de St-André de Bayonne, je tournais vers Jésus-Christ, qui y habite, une grande multitude d'âmes ! Ah ! il me semble que ma pauvre âme, se joignant, dans ce mouvement divin, à ces autres âmes, ses sœurs, y trouverait quelque bien !

Quoi qu'il en soit, voici ce que j'avais à dire sur le symbolisme de la nouvelle Eglise de St-André de Bayonne ; l'opuscule est fini.

A peine entré dans le diocèse de Bayonne, par suite de l'annexion de ma paroisse à ce vaste et magnifique diocèse, je me fais un devoir, Monseigneur, de déposer cet opuscule aux pieds de Votre Grandeur, comme un humble salut de bienvenue à mon nouveau père et à mes nouveaux confrères dans la hiérarchie ecclésiastique.

Et puisqu'il est destiné à circuler aussi dans les mains de ces nouveaux compatriotes, que la Providence me donne dans une ville et un département nouveaux, il sera comme un tribut de reconnaissance patriotique pour ce droit de cité qu'ils m'ont octroyé si généreusement.

Mais, soit comme prêtre, soit comme citoyen, je sens qu'il manquerait quelque chose à mon œuvre, si elle n'était consacrée par un de vos sourires, et surtout par une de vos bénédictions.

Daignez, Monseigneur, faire descendre sur elle cette double faveur, qui sera son meilleur passeport, dans le chemin périlleux de la publicité.

Approbation Épiscopale.

Nous désirons vivement que le présent Opuscule, de notre digne et bien-aimé curé de Saint-Etienne, sur le **Symbolisme de la nouvelle Église de Saint-André de Bayonne,** *contribue à exciter de plus en plus la vénération et la piété de nos diocésains pour le lieu saint.*

† **FRANÇOIS,** *Evêque de Bayonne.*

PROLOGUE.

> Domus mea domus orationis vocabitur.
> (*Matth.* 21, 13.)

Jésus-Christ, entrant, un jour, dans le Temple de Jérusalem, prononça ces paroles mémorables : *Ma maison sera appelée une maison de prière (*)*. Il est incontestable qu'en figure ou en réalité, Jésus-Christ a toujours été présent à l'humanité. *Il était*, s'écrie St Paul, embrassant d'un seul regard toute la suite des siècles; *il était hier, il est aujourd'hui, et il sera à jamais (**)*.

Aussi, de même que *l'ancienne* loi était la *figure de l'Evangile*, à tel point que St Augustin a pu dire : *Toute la loi était pleine de Jésus-Christ* (***), de même le *Temple de Jérusalem* était la *figure* du Temple catholique, où Jésus-Christ ne devait se fixer que plus tard.. Ce n'est donc que dans le *sens prophétique* que Jésus-Christ appelait le Temple de Jérusalem *sa maison*, et qu'il exigeait qu'on fît de ce Temple le sanctuaire auguste de la prière ; car,

---

(*) *Domus mea domus orationis vocabitur.*   (Matth. 21, 13.)
(**) *Christus heri, et hodiè : ipse et in sœcula.*   (Hæb. 13, 9.)
(***) *Tota lex gravida erat Christo.*

dans le fait, n'étant pas là, comme il est maintenant dans nos Temples, il n'y avait pas encore pour lui de maison : mais cette *maison de Jésus-Christ*, qui n'existait pas alors, existe aujourd'hui ; c'est toute Eglise, consacrée au culte catholique : oui, la voilà la véritable maison de Jésus-Christ ; car il y habite personnellement, comme tout homme habite dans sa maison.

Seulement la divinité et l'humanité glorifiée, avec lesquelles il y réside, il les cache à dessein sous les voiles impénétrables du Sacrement, tandis que l'homme, lui, nous apparaît à découvert, dans sa demeure terrestre, avec les éléments visibles de son éphémère humanité.

Qu'importe que ce soit l'homme qui ait bâti cette maison à Jésus-Christ ? Cette maison n'en est pas moins là debout ! Oui, là, c'est-à-dire partout, parce que Jésus-Christ, en sa qualité de Sauveur universel des hommes, a voulu que, sur tous les points du globe habité, il y eût quelque Eglise destinée à y devenir le centre et le foyer du salut. Où n'y a-t-il pas, en ce moment, quelqu'une des ces Eglises, dont Jésus-Christ est l'hôte patient et dévoué ?

Or, l'homme a fait, sous l'inspiration de la foi, pour l'habitation de Jésus-Christ, ce qu'il a fait, sous l'inspiration de l'instinct et de la nécessité, pour sa propre habitation.

L'homme n'a pas voulu que le lieu privilégié, où il s'abrite, ne fût que de la pierre sur du mortier, et du mortier sur de la pierre. A l'exemple du Créateur qui, après avoir tiré du néant la terre brute et informe, s'est plu à la dégrossir et à l'orner (*), l'homme a convié l'art à l'enjolivement de sa demeure.

(*) Ludens in orbe terrarum.   (*Prov.* 8, 31.)

L'architecture a été la première transfiguration de la maison de l'homme.

Il y a eu une autre transfiguration après celle-là.

L'homme, sous cette tente passagère qu'il s'appliquait à décorer, ne devait pas rester inerte et solitaire. Il devait se remuer et agir, à la surface de cette terre et sous ce ciel, dont tous les êtres lui avaient été primitivement soumis. Et dans ses évolutions à travers cette création, dont il était l'usufruitier providentiel, il devait rencontrer, sur son chemin, d'autres hommes dont le secours mutuel suppléerait l'insuffisance individuelle; en un mot, l'homme devait vivre en société.

Eh! comment vivre en société, sans se communiquer par la parole ses pensées et ses sentiments? La parole, qui en est l'expression relativement aux besoins présents de l'humanité, la parole est le lien constitutif de la société.

Mais la parole toute seule qu'est-elle? Quelque importante et merveilleuse qu'elle soit dans ses résultats, elle n'est pourtant qu'un *son articulé* qui expire en naissant, et qui s'arrête presque sur le bord des lèvres, d'où il est parti.

Voilà pourquoi, dans le but de délimiter la parole dans le temps et dans l'espace, l'homme se sert de l'écriture. L'écriture est la parole perpétuée et cosmopolite.

Toutefois l'écriture elle-même avait un grave inconvénient, celui d'être successive, les mots, qui la composent, se traînant les uns après les autres.

L'homme a remédié à cet inconvénient par la peinture, qui est une écriture simultanée, présentant à la fois et sur un même plan toute la série des idées et des sentiments qu'elle exprime. La peinture est la transfiguration de la parole et de l'écriture.

2

L'homme ne s'est pas borné là ; il est allé plus loin que l'architecture et que la peinture.

Il a senti qu'avec elles, il se traînait encore dans la région épaisse de la matière. Il a monté plus haut, dans la sphère éthérée de l'idéal, sur les ondes sonores de la musique.

C'est qu'il y a dans l'âme tout un ordre supérieur de sentiments et d'idées vagues, indéfinissables, que ne peuvent rendre ni les caractères graphiques ni la magie des couleurs. Il faut, pour faire ressortir convenablement les nuances infiniment délicates de ces idées et de ces sentiments à part, il faut ce qu'il y a de plus subtil, de plus impalpable, de plus spiritualiste dans la nature ; il faut la musique, ou sous la forme première du chant ou sous la forme secondaire des instruments.

Au ciel, la musique est, pour les anges et pour les saints, l'expression la plus transcendante de l'adoration et de la félicité. Comment en serait-il autrement pour les hommes sur la terre ? Non, au delà de la musique, il n'y a plus rien ! La musique est la plus sublime des transfigurations artistiques.

L'homme s'est donc élevé à travers ces trois transfigurations successives pour embellir sa propre maison.

Pour embellir la maison de Jésus-Christ, il a parcouru aussi ces trois sphères du beau ; et même ici, l'ascension a été plus haute. Autant la maison de Jésus-Christ l'emporte sur la maison de l'homme, autant le génie des artistes s'est efforcé de se mettre au niveau de l'hôte, à la fois divin et humain, dont il voulait honorer dignement le mystérieux séjour au milieu de nous.

L'architecture, la peinture et la musique profanes ont leur cachet distinctif.

Eh ! ne va-t-il pas de soi que l'architecture, la peinture et la musique religieuses doivent avoir aussi le leur, en rapport avec leur destination particulière ?

Or, pour préciser cette destination exceptionnelle, il n'y a qu'à approfondir cette définition immuable, donnée par Jésus-Christ lui-même : Ma maison sera appelée une maison de prière. Qu'est-ce que la prière ? La prière, d'après les principes les plus élémentaires du Catholicisme, est une élévation de notre âme vers Dieu.

Jésus-Christ a dit : Nul ne monte au Ciel, si ce n'est celui qui en est descendu. (*) Mais, qui est descendu du Ciel, si ce n'est Jésus-Christ lui-même ?

Aussi, dans la maison de Jésus-Christ, tout semble-t-il prendre son essor vers Dieu, au-dessus de ce monde.

Ces pierres ont l'air d'être impatientes de toucher encore à la terre. On dirait qu'elles font sourdement effort pour s'en détacher et s'élancer d'un bond jusqu'au ciel.

Ces couleurs éclatantes n'ont-elles pas emprunté leur splendeur et leur transparence à ce firmament lointain, à qui elles renvoient, comme à leur source, leurs merveilleux rayonnements ?

Et ces torrents d'harmonie, qui se répandent dans le Lieu Saint, ne remontent-ils pas vers la voûte de l'Empyrée, dont ils ne sont qu'un écho affaibli ?

Oui, dans la maison de Jésus-Christ, l'architecture prie, la peinture prie, la musique prie.

Et, au milieu des élans de la prière, ces trois sœurs jumelles, enlacées l'une à l'autre dans les embrassements fraternels de l'art, emportent, avec elles, l'âme jusqu'à Dieu.

Eh ! qui dit l'âme, dit tout le reste, parce que ce

(*) Nemo ascendit in Cœlum nisi qui descendit de Cœlo.
(*Joan.* 3, 13)

n'est que par le corps qu'on arrive à l'âme ; oui, par le corps ! Qu'on le veuille ou qu'on ne le veuille pas, telle est la marche actuelle de la nature ! Et c'est parce que le Catholicisme, qui est le Christianisme vivant et complet, suit cette marche nécessaire, qu'il est la seule Religion véritable de l'humanité.

Dès lors, qu'y a-t-il de plus raisonnable que les cérémonies par lesquelles il consacre une Eglise nouvelle ?

Pour que tout, dans ce Temple nouveau, oui tout — architecture, peinture, musique — imprime aux sens de l'homme une pieuse impulsion et que, par les sens spiritualisés, cette impulsion se communique à l'âme, le Catholicisme imprègne le Lieu Saint d'une onction toute divine avec son huile et son eau bénites.

Quoi ! l'huile et l'eau bénites ! C'est bien peu de chose !

Eh ! pourtant qui est capable d'en bénir une seule goutte si, par une mission venue hiérarchiquement de Jésus-Christ, il n'en a reçu le pouvoir surhumain ?

Il n'y a que le Catholicisme, la religion universelle, remontant jusqu'à Jésus-Christ et par Jésus-Christ jusqu'à Dieu, qui ait le privilége de bénir une goutte d'huile et une goutte d'eau (*).

Et parce que cette goutte d'huile et cette goutte d'eau, à cause de la vertu d'en haut, qui les pénètre, sont destinées à produire des effets si sublimes, le Catholicisme a amassé dans les prières, qui accompa-

---

(1) Omnipotens et misericors Deus, qui sacerdotibus tuis, tantam præ cœteris gratiam contulisti ut quidquid in tuo nomine, dignè, perfectèque ab eis agitur, à te fieri credatur : quæsumus immensam clementiam tuam ut quidquid modo visitaturi sumus visites ; et quidquid benedicturi sumus benedicas. *(Rituel Romain.)*

gnent la consécration d'une Eglise neuve, des flots de poésie (*).

Ce n'est pas tout : comme s'il se plaisait à se retremper chaque année dans ces flots de poésie, il a établi une fête qui, chaque année, à la même époque, lui rapportant le souvenir de la première consécration, rafraîchit notre âme pendant huit jours. Cette fête solennelle, qui a les honneurs d'une Octave, s'appelle la fête de la Dédicace des Eglises.

En réalité, une nouvelle maison de Jésus-Christ vient d'être bâtie à Bayonne.

C'est l'Eglise de St-André.

Assez d'autres, hélas! ne comprenant pas cette fille du Catholicisme, née de l'esprit virginal des siècles de foi, vont la considérer dehors et dedans, en matérialistes et en païens, sans que le sens chrétien perce à travers leurs yeux de chair.

Moi, catholique et prêtre, éclairé d'une lumière plus pure et pénétré d'une onction plus céleste, je vais examiner comment cette Eglise, transfigurée, divinisée par l'efficacité surnaturelle de la consécration, est réellement une maison de prière.

Envisagée ainsi, elle ne sera pas seulement un entassement de pierres plus ou moins bien liées ensemble, — ou un mélange de couleurs plus ou moins bien nuancées, — ou un foyer de sons plus ou moins bien combinés.

Elle sera la *maison de Jésus-Christ*, et tout est là ; oui, tout est là !

(*) Domine deus, qui licet Cœlo et terrâ non capiaris domum tamen dignaris habere in terris, ubi nomen tuum jugiter invocetur, locum hunc, quæsumus........ sereno pietatis tuæ intuitu visita et per infusionem gratiæ tuæ, ab omni inquinamento purifica, purificatumque conserva........ *(Rituel Romain.)*

I.

L'ARCHITECTURE.

Superædificati.... ipso summo angulari
Lapide Christo Jesu, in quo omnis
Ædificatio constructa crescit in templum
Sanctum in Domino.
(Eph. 2, 22.)

L'architecture, avons-nous dit dans le prologue, est la transfiguration de la maison de l'homme ou de la maison de Dieu.

L'architecture est la transfiguration de la maison de l'homme ou de la maison de Dieu, parce qu'en les décorant, d'après le type des idées profanes ou des idées religieuses, elle leur imprime le cachet de la beauté terrestre ou de la beauté divine.

Cette architecture s'inspire du souffle du siècle qu'elle traverse.

Au moyen-âge, l'architecture s'inspira du véritable souffle chrétien, parce que c'était l'heure palpitante du vrai Christianisme, du Christianisme tout plein de la *présence réelle et substantielle de Jésus-Christ.*

Ce souffle chrétien, qui alla s'affaiblissant, peu à peu, jusqu'à la fin du seizième siècle, semblait éteint à tout jamais, lorsqu'après un sommeil de deux cents ans, il se réveilla tout à coup.

Sous son influence régénératrice, on a vu éclore

comme par enchantement, sur le sol catholique de la France contemporaine, toutes ces Eglises ogivales, sœurs cadettes des Eglises ogivales des temps passés.

La nouvelle église de St-André de Bayonne est une de ces Eglises où l'on sent circuler l'esprit chrétien du moyen-âge. Oui, l'esprit le plus pur de cette époque incomparable, l'esprit du treizième siècle, est arrivé jusqu'à ce monument et a passé dans toutes ces pierres pour les spiritualiser, pour les christianiser.

Contemplez cette façade dans toute son étendue, de la base au sommet.

Qu'éprouvez-vous en voyant ces trois portes à l'ogive effilée, cette galerie aérienne, percée à jour, cette grande rose étalant ses feuilles découpées comme une immense fleur de pierre, ces deux clochers s'allongeant avec leurs gigantesques fenêtres et leurs colonnettes si grêles, à travers lesquelles on aperçoit l'azur du firmament, ces deux flèches légères, flanquées de leurs quatre clochetons plus légers encore ?

Est-ce que tout cela n'est point dégagé de la pesanteur de la matière, et, s'élançant dans l'espace, avec ces deux flèches qui ressemblent, chacune, au doigt colossal d'un Ange, nous montrant le Ciel, n'entraîne pas, dans son vol, les spectateurs électrisés ?

Je le devine ; vous brûlez de vous précipiter dans l'intérieur.

Mais non, arrêtez-vous ; restons au dehors. Faisons le tour de l'édifice sacré !

Qu'en dites-vous ? Ces longues fenêtres à lancettes, géminées, couronnées de leurs rosaces si délicates, ne font-elles pas de toutes ces murailles une véritable dentelle, et ne les enlèvent-elles point, avec leurs contreforts, dans les plaines de l'air ?

Puisque vous êtes avide de franchir le seuil, entrons.

Mais pourquoi n'allez-vous pas plus loin ? Ah ! je vois bien pourquoi !

Vous êtes frappé d'étonnement. Votre regard se perd au milieu de cette forêt épaisse de colonnettes sans nombre, qui partent du fond de l'abside et du sanctuaire, pour converger toutes vers le centre du transept, et qui, là, jaillissent, à l'envi, du pavé du transept lui-même et du pavé des trois nefs pour filer, si sveltes, et s'épanouir, dans toutes les directions, au haut de la voûte.

Gigantesque végétation de pierre qui germe de dessous terre et prend, en grandissant, toutes les formes et tous les développements de la végétation ordinaire.

Çà et là, dans les chapiteaux et les corniches, ne sont-ce pas des feuilles, des fleurs, des fruits et des animaux ?

Et parce que l'homme n'est pas absent de cette création artistique, dont il est le pontife, comme il est le pontife de la création naturelle, il y a, dans les parties les plus importantes de l'édifice sacré, des têtes humaines.

Et ces têtes prenant, sur leur trône aérien, l'attitude de l'autorité, commandent à ce petit monde, sorti de la pensée et du ciseau de l'artiste.

A cette création de l'art, aussi bien qu'à la création de la nature, il faut de la lumière et de l'air. Dans l'Eglise de St-André de Bayonne, la lumière ruisselle à travers les vitraux, et l'air circule à l'aise dans l'étendue de ses trois nefs.

Et c'est au sein de cette ample lumière et de cet air abondant que l'homme régénéré, le nouveau Chrétien, s'avance dans le Temple catholique.

A l'entrée, il commence par recevoir une seconde naissance. Je ne sais qui a soutenu que *la vie est dans le* *sang.* C'est par l'infiltration du sang de Jésus-Christ, au moyen du sacrement de Baptême, que l'homme devient une nouvelle créature en Jésus-Christ (*). Les fonts baptismaux, dans l'Eglise de St-André de Bayonne, sont là, à gauche, dans la nef latérale, à deux pas du seuil.

Quand l'homme, initié à la vie de Jésus-Christ, possède en lui la sève chrétienne, il n'a qu'à marcher. *La vie est dans le mouvement (**).*

En effet, l'homme ici-bas n'est que de passage ; pèlerin du temps, il s'en va vers l'éternité, et, dans sa route, qui doit-il suivre? Il est clair qu'il doit suivre celui qui a dit : *Celui qui me suit ne marche point dans les ténèbres* (***). Eh! celui-là, c'est Jésus-Christ.

Dans l'Eglise de St-André de Bayonne, Jésus-Christ, ce guide sûr de l'humanité, marche, — et il marche dans le véritable chemin, dans le chemin de la croix. Oui, tout le long des murailles, dans la série de ces tableaux si parlants, où la sculpture a su mettre en relief le drame si saisissant de la Passion, on voit le Divin Sauveur marcher volontairement dans ce chemin, qui doit être le nôtre ; car, quoi que nous fassions, dans notre condition présente, nous avons tous à souffrir et à souffrir jusqu'à la mort, qui est la souffrance finale.

Mais pourquoi marcher ainsi après Jésus-Christ? C'est que la souffrance, étant le chemin de l'expiation et de la vertu, est le chemin du ciel. Il est écrit : *Il a fallu que le Christ souffrît et qu'il entrât ainsi dans la gloire* (****).

(*) Nova creatura in Christo.
(**) Vita est in motu. (*Aristote.*)
(***) Qui sequitur me non ambulat in tenebris.
(****) Oportuit pati Christum et ità intrare in gloriam suam.

Nous aussi, ce n'est qu'en passant par la même voie de la douleur, et de la douleur chrétiennement endurée, que nous entrerons dans cette même gloire (*).

C'est là l'espérance chrétienne, et la chaire, qui est en l'air, entre le ciel et la terre, fait luire par la parole de l'Evangile, qui est la *bonne nouvelle*, le flambeau de cette espérance.

Dans l'Eglise de Saint-André de Bayonne la chaire occupe, comme partout ailleurs, la place centrale, pour que la voix du prêtre catholique arrive, dans tous les coins, à toutes les oreilles et à tous les cœurs. Elle est belle à voir, cette chaire, avec ses ornements sobres, et remarquables précisément parce qu'ils sont sobres ; car ils rappellent bien cette époque du goût chrétien qui, dans les diverses branches de l'art, s'est fait admirer par la pureté de ses lignes et par le choix exquis de ses décorations. L'orateur, debout dans cette chaire, n'aura qu'à s'inspirer de l'esprit profondément chrétien, dont elle est le symbolique reflet, et l'auditoire se sentira animé du désir généreux de suivre Jésus-Christ dans son pélerinage terrestre.

Et si, fascinés par les charmes trompeurs des créatures, il est des âmes qui, se voilant à elles-mêmes la beauté sereine de Jésus-Christ, se dégoûtent du Divin Sauveur et se fourvoient loin de lui, il y a pour ces âmes égarées et perdues, oui, il y a, des deux côtés du transept, dans les abris les plus retirés et les plus calmes du Lieu Saint, les confessionnaux, où l'aveu volontaire du mal, divinisé par Jésus-Christ dans le Catholicisme, amène par l'absolution la guérison spirituelle. Quoi de plus raisonnable ? C'est dans l'ordre surnaturel, comme

(*) Si compatimur et conglorificabimur.

dans l'ordre physique ; la connaissance de la maladie est le premier pas vers la guérison.

Puis, pour ces âmes guéries, il y a, au bord du sanctuaire, quoi ? Il y a la Table Sainte, où l'on vient manger la chair et boire le sang de Jésus-Christ, cachant dans l'Eucharistie, sous les apparences du pain et du vin, son humanité glorifiée. Rien moins que cela ! Je le disais tout à l'heure ; on a prétendu que *la vie est dans le sang*. Eh bien ! Jésus-Christ, en vrai médecin, qui connait à fond l'hygiène surnaturelle, voulant nous infuser sa vie divine, à la place de notre vie altérée par le péché, Jésus-Christ nous nourrit de sa chair et de son sang, transfigurés par la gloire du Ciel. Comme c'est simple et logique !

Oui, au fond de la nef centrale, dans l'axe de l'abside, et à l'extrémité des deux nefs latérales, se dressent trois autels ; et c'est là, sur ces trois autels, que Jésus-Christ descend, à la voix du prêtre, pour s'immoler, par la perpétuité d'un amour qui ne s'épuise jamais.

Et après s'être immolé, dans les ombres silencieuses de ce sacrifice mystique, il pousse le dévouement jusqu'à ce dernier terme, auquel tend le véritable amour.

Et ce dernier terme, quel est-il ? N'est-ce pas l'union la plus étroite et la plus intime ? Or, cette union n'est-elle pas celle de la nourriture avec le corps de celui qui la mange ?

Laissons donc faire Jésus-Christ ; s'il se donne tout entier à manger à nous, c'est qu'il sait bien qu'après nous avoir saisis jusqu'au fond même des entrailles, il nous élève et nous transforme en lui : c'est le but suprême du Christianisme !

Voilà donc Jésus-Christ présent, Jésus-Christ agissant dans l'Eglise de St-André de Bayonne.

C'est que cette Eglise, consacrée au culte catholique, est la maison de Jésus-Christ, et la maison de Jésus-Christ sera appelée la maison de la prière, et la prière est une élévation de notre âme vers Dieu.

Aussi, depuis le tympan de la porte centrale, où, au-dessus de la statue de St-André, l'image de Jésus-Christ est sculptée, avec les figures symboliques des quatre Evangélistes, jusqu'au fond du sanctuaire, tout semble-t-il s'élever vers Dieu : tous ces piliers si élancés, ces fenêtres si élégantes, cette lumière et cet air si limpides, ces fonts baptismaux si délicats, ce Chemin de la Croix si mystique, cette chaire si aérienne, ces confessionnaux si pieux, cette Table Sainte si gracieuse, ces autels si légers, ne tiennent plus à la terre ; ils nagent dans le vide.

Et pour me servir d'une image, que me prête la signification du mot nef, qui vient du mot latin *navis*, en français *vaisseau*, je me représente la nouvelle Eglise de St-André de Bayonne comme un vaste et magnifique vaisseau chrétien.

Jésus-Christ est sur le pont de ce vaisseau. Je le vois ; il tient dans sa douce et forte main le gouvernail, et, cinglant vers le Ciel, il vogue, non plus sur les ondes liquides de l'Océan, mais sur les ondes plus liquides encore de l'éther.

Bayonnais ! ma voix vous le crie — et quand même il n'y aurait pas un homme pour vous le crier, chaque grain de sable du fond des murailles de l'Eglise de St-André vous le crierait (*) : — Oui, Bayonnais, laissez-vous conduire par Jésus-Christ ! C'est le seul pilote qui mène à Dieu (**) !

(*) Et si homines tacuerint, clamabit de pariete lapis.
(**) Unus mediator Dei et hominum Homo Christus Jesus.

II.

LA PEINTURE.

....Crescamus in illo per omnia, qui est caput Christus, ex quo totum corpus compactum et connexum per omnem juncturam subministrationis secundum operationem in mensuram uniuscujusque membri, augmentum corporis facit in ædificationem sui in charitate. (*Eph.* 4, 15-16.)

Jàm non estis hospites et advenæ; sed estis cives Sanctorum et domestici Dei. (*Eph.* 2, 19.)

Nous avons établi dans le prologue que la peinture est la transfiguration de la parole et de l'écriture, parce qu'elle est une écriture simultanée présentant à la fois, et sur un même plan, toute la série des sentiments et des idées qu'elle exprime ; en un mot, c'est un livre qui n'a qu'une page, et encore, dans cette page, on a l'avantage de tout voir d'un seul coup d'œil.

Dieu, qui est le premier peintre du monde, comme il en est le premier architecte, a écrit un livre dans ce genre ; c'est une belle page que celle de la création ! Il n'y a qu'à regarder attentivement pour y deviner Dieu partout, — et dans l'étoile du firmament, et sur le front de l'homme, et dans le brin d'herbe de la vallée et dans le grain de sable que roule et lave le flot capricieux de l'Océan.

La création, c'est la peinture de haut style par excellence, puisque c'est la peinture de Dieu !

Jésus-Christ, à son tour, a écrit un livre de sa façon ; c'est le livre de l'Eglise catholique.

L'Eglise catholique est le monde nouveau, la création nouvelle.

Sur la face de la première création, lorsque le chaos primitif n'était pas encore débrouillé, l'Esprit était porté sur les eaux (*), d'où les éléments informes de la nature devaient progressivement jaillir dans une ordonnance admirable.

Jésus-Christ a procédé ainsi : à l'heure lamentable, où le monde moral sombrait dans le naufrage universel de toutes les vérités et de toutes les vertus, qu'a-t-il fait ? Il a envoyé le Saint-Esprit.

Et la création nouvelle a surgi miraculeusement, sous l'influence féconde de cet Esprit régénérateur (**).

L'Eglise catholique, née du souffle de l'Esprit-Saint, est cette création nouvelle.

Or, dans cette création nouvelle, qui est l'Eglise catholique, il y a, comme dans la première création, le haut, le milieu et le bas ; et, à travers ces divers degrés, tout s'agence et s'harmonie parfaitement.

Dans le haut, il y a les saints du Ciel ; au milieu, il y a nos âmes, et en bas, il y a les âmes du purgatoire ; en d'autres termes, l'Eglise triomphante au Ciel, l'Eglise militante sur la terre et l'Eglise souffrante dans le Purgatoire, trois Eglises qui n'en forment qu'une seule, l'Eglise catholique.

Les âmes du Ciel aident les âmes de la terre, qui, de leur côté, aident les âmes du Purgatoire : merveilleuse et consolante société qui, comme toute société, repose sur le secours mutuel, et qui porte, dans la langue reli-

---

(*) Spiritus ferebatur super aquas.

(**) Emittes spiritum tuum et creabuntur et renovabis faciem terræ.

gieuse, un nom bien caractéristique; elle s'appelle la Communion des Saints.

Oui, dans notre navigation vers Dieu, sous la conduite de Jésus-Christ, l'infaillible et infatigable pilote de l'humanité, les Saints du Ciel se mettent entre Jésus-Christ et nous, et, quand nous consentons à nous appuyer sur leurs suffrages, il nous est aisé de nous apercevoir qu'il a coulé en nous une force secrète qui nous enlève vers Dieu.

Dans le Catholicisme, la peinture, qui est une écriture simultanée, se charge de reproduire, en son ensemble, ce mouvement surnaturel vers Dieu, comme, dans l'univers, la peinture a pour but de nous faire saisir, à simple vue, les beautés de la création.

La peinture est, dans ce sens, le livre le plus populaire; parce qu'il ne faut avoir que des yeux pour voir : oui, la peinture profane est le livre populaire des beautés de la nature, et la peinture religieuse est le livre populaire des beautés de la Religion catholique.

L'Eglise de St-André de Bayonne a ce livre populaire; ce livre, je l'ai trouvé, sans peine, dans ses vitraux, qui sont sa peinture lumineuse.

Ici, ce ne sont pas des tableaux ternes et froids où le génie de l'artiste, luttant en vain contre un morceau de toile obscure et contre quelques grains de poussière de différentes couleurs, plus ou moins bien broyés ensemble, sur la palette, n'arrive qu'imparfaitement à la transparence et à la lumière.

Ici, dans ces vitraux, la lumière s'épanche à torrents, et la transparence est si complète que tout — site et personnages — se meut librement dans la limpidité de l'air et dans le rayonnement impalpable de l'azur.

Et cette atmosphère subtile et idéale va très-bien à ces êtres transfigurés, dont les âmes nagent déjà dans les splendeurs de la gloire céleste.

Regardez plutôt; l'histoire est étincelante, et elle est complète ; oui, l'ignorant, aussi bien que le savant, peut y savourer un précieux aliment pour son esprit et pour son cœur ; car si le savant est à même de lire et de comprendre ces textes d'Ecriture Sainte, qui sont un thème inépuisable de sérieuses et profondes réflexions, l'ignorant, qui ne sait pas lire, n'a qu'à bien dilater ses deux yeux et à contempler à souhait ces diverses scènes, palpitantes de vie et de réalité.

Allons à gauche ; parcourons la nef latérale.

Le premier vitrail est celui de St Jean-Baptiste. Voilà ce saint, qui baptise Jésus-Christ, dans les eaux du Jourdain :

Jesus baptisatur à Joanne in Jordane.

Mais il ne le baptise pas sans ces protestations sincères de respect et de déférence, que lui suggérait la dignité de Jésus-Christ :

Ego à te debeo baptizari et tu venis ad me.

Il cède enfin aux instances du divin solliciteur, et, pendant que d'une main émue il verse l'eau sur sa tête, une voix mystérieuse, la voix du Père céleste, fait entendre, dans les airs, ces ineffables paroles :

Filius meus dilectus! Voilà mon fils bien-aimé !

Ce vitrail est le premier, et il devait l'être.

Le baptême de Jésus-Christ est la figure du baptême catholique ; et le baptême catholique, qu'est-il ?

Il est — comme nous l'avons déjà fait remarquer, à l'article des fonts baptismaux — il est l'entrée réelle, quoique invisible, de l'homme dans la vie chrétienne ; c'est la seconde naissance.

Et quand cette seconde naissance a eu lieu, Dieu, qui est notre Père du Ciel (*), Dieu prononce, sur l'enfant baptisé, ces mêmes paroles :

Voilà mon fils bien-aimé !

Pourquoi, hélas! tant de Catholiques — à Bayonne comme ailleurs — après avoir reçu le baptême, ne se souviennent-ils pas qu'ils sont les enfants de Dieu ?

Encore, ne suffit-il pas de s'en souvenir.

Il faut de plus vivre en enfants de Dieu.

Eh! comment vivre ainsi ? — En imitant le vrai fils de Dieu, qui s'est fait homme pour être *notre modèle* autant que *notre Sauveur*.

Aussi le second vitrail est-il bien à son rang.

Ce second vitrail est celui de St Mathieu, évangéliste.

Saint Mathieu n'imite-t-il pas Jésus-Christ ? Il ne se contente pas de se lever derrière son comptoir et de s'attacher à Jésus-Christ dans un premier élan d'enthousiasme. Il suit pas à pas le Divin Maître pour ne plus s'en séparer jamais :

Et surgens secutus est eum.

Il fait de l'Evangile sa règle vivante, et il exhorte les autres à calquer, sur ce code divin, toutes leurs actions :

Factus sum Evangelii minister.

Il ne s'arrête pas devant les obstacles que rencontre,

(*) Pater noster qui es in cœlis.

sur sa route, le Christianisme naissant ; il franchit tous ces obstacles, parce qu'il s'appuie sur Jésus-Christ :

Dominus mihi adjutor, non timebo.

Oh ! que ce vitrail convient aux hommes de Bayonne !
Saint Mathieu était dans le commerce. Ils sont, pour la plupart, dans le commerce, eux aussi.

Eh ! pourquoi ne marchent-ils pas sur les traces de St Mathieu, sinon en prêchant l'Evangile — ils n'ont pas mission pour cela — du moins en y conformant leur conduite.

Ils devraient songer qu'au-dessus de leurs affaires ordinaires, il y a une grande, une indispensable affaire, — l'affaire de leur salut éternel.

Leur salut éternel ! Ah ! ils ne s'en inquiètent guère ! Ils ne s'occupent que du présent !

Ils abandonnent aux femmes la pratique de la Religion qui nous rattache à Dieu et à l'éternité.

Faut-il en être surpris ? Ils se sont laissé fasciner par l'appât séduisant de ces richesses que l'Esprit Saint appelle si bien *richesses trompeuses;* (*) oui, c'est parfaitement vrai, *trompeuses!! car ceux qui s'obstinent à en amasser et à en amasser toujours, ceux-là, dit l'apôtre St Paul, tombent dans la tentation et dans le piége de Satan, et dans une foule de désirs vains et nuisibles qui plongent les hommes dans la ruine et dans la perdition.*

Car, la racine de tous les mots, c'est la cupidité, la soif de l'or, à la recherche duquel il y en a qui se sont égarés hors des

---

(*) Fallaces divitiæ.

sentiers de la Foi et se sont engagés dans un labyrinthe d'affreuses angoisses ! (*)

Oh ! qu'ils sont à plaindre ces suppliciés du lucre et de l'agiotage ! Les infortunés ! Ils sont les Tantales de la société contemporaine !

Qu'ils méditent le vitrail de St Mathieu, et ils auront d'autres sentiments et aussi d'autres mœurs, parce qu'ils reviendront à la Religion des femmes, à la Religion de leurs mères.

Oui, de leurs mères ! car qui correspond le mieux au zèle des ministres de l'Evangile ?

N'est-ce pas la mère de famille, cette reine pacifique et aimable du foyer domestique ?

Voilà pourquoi le troisième vitrail est là fort à propos.

Ce troisième vitrail est celui de Ste Jeanne de Valois.

Cette reine illustre avait entretenu dès son bas-âge, dans une âme sans tache, *le sens divin, le goût des choses de Dieu :*

Quæsivi sapientiam à juventute meâ.

Sachant dès lors, par expérience, les délices incomparables de la pureté et de la vertu, elle compatissait, avec tendresse, aux peines atroces des pécheurs et demandait pour eux, avec le retour à l'innocence, le retour à la paix et au bonheur :

(**) Nam qui volunt divites fieri, incidunt in tentationem et in laqueum diaboli et desideria multa inutilia et nociva quæ mergunt homines in interitum et perditionem.

Radix enim omnium malorum est cupiditas; quam quidam appetentes, erraverunt à fide, et inseruerunt se doloribus multis.

(1 *Tim.* 6, 9-10.)

Domine, dimitte peccata servis tuis.

C'est que la parole de Dieu n'était point, pour elle, une lettre morte ; c'était une parole de vie, dont la certitude augmentait chaque jour pour se traduire, chaque jour, en actes de piété et de dévouement :

Filiæ, percipite eloquium meum.

C'est là l'histoire de la femme catholique : elle sent la Religion plus qu'elle ne la comprend, et ce sens divin se développe progressivement à travers les phases de sa belle et utile existence.

Dans l'adolescence, c'est la virginité qui est l'arôme de ce sens délicat, et bientôt, quand vient la double gloire du mariage chrétien et de la maternité légitime, c'est la même vertu qui, sous un autre nom et avec un autre mérite, parfume l'âme de la jeune épouse et de la jeune mère et la porte vers Dieu, comme sur les flots embaumés d'un encens d'agréable odeur.

Mais cette âme ne monte ainsi vers Dieu que pour redescendre vers tout ce qui est faible et souffrant ici bas, le soutenir de sa douce main et l'inonder de ses vivifiantes caresses.

Quoi de plus prévenant et de plus affectueux que la femme catholique !

Ah ! le mot du poète est vrai, profondément vrai :

Heureux l'homme à qui Dieu donne une sainte mère !

C'est la Religion catholique, cette régénératrice efficace et permanente de l'humanité déchue, qui, seule, a la puissance de façonner et de conserver le cœur de nos mères !

Ce n'est pas sans dessein que je dis la *Religion catholique;* car, de même qu'on l'a appelée une *grande école de respect*, de même on peut l'appeler la *grande école de la moralité !*

Elle est plus que cela ; elle est encore le *Refuge assuré du pécheur :* oui, quand, par notre faute, nous avons porté atteinte à cette moralité, c'est l'Eglise catholique qui, avec le sacrement de Pénitence — comme nous l'avons déjà constaté à propos des confessionnaux — nous rend cette moralité perdue.

En un mot, l'Eglise catholique est *la Religion du pardon !*

Aussi, est-ce avec bonheur que j'arrive au quatrième **vitrail**.

Ce quatrième vitrail est celui de St Pierre, qui fut le premier chef de cette Eglise catholique.

Saint Pierre fut un grand coupable, et c'est parce qu'il eut, à cause de sa faiblesse inouïe, plus de besoin d'être pardonné, qu'il a été choisi providentiellement pour être le chef de *la Religion du pardon :*

Tibi dabo claves regni cælorum.

Etant tombé lui-même, — et tombé bien bas — il était mieux en état d'apprécier le malheur des chutes d'autrui, et, par un sentiment spontané de pitié, il devait être plus disposé à s'incliner vers les autres, pour les relever et les remettre sur le chemin du Ciel. Il ne faisait, pour son prochain, que ce que Jésus-Christ avait déjà fait, si largement, pour lui :

In nomine Jesu surge et ambula.

Puis, comme à la vertu du pardon nous devons ajouter le mérite de notre expiation personnelle, il ne recula pas devant la souffrance—la souffrance poussée jusqu'au bout. — Il affronta la mort de la Croix, et même, par humilité, pour n'être pas associé à son Divin Maître, dans la gloire d'un supplice égal au sien, il demanda à être crucifié, non pas comme Jésus-Christ, la tête en haut, mais la tête en bas:

Patior, sed non confundor.

Voilà notre vitrail à tous ; car tous nous sommes faibles — et par conséquent pécheurs.

Aussi quel avantage d'appartenir à la Religion catholique, qui est la Religion du Pardon !

Ah ! pourquoi y en a-t-il tant qui, se contentant d'être Catholiques de nom, au lieu de l'être aussi en pratique, ne recourent pas à ce pardon, qui a, dans le Catholicisme, sa source intarissable.

Mais il faut s'avouer coupable ! Eh ! il en coûte tant à l'orgueil de s'avouer coupable !

Comment ne voit-on pas que c'est raisonnable, précisément parce que c'est pénible, très-pénible ?

Pas de réparation possible sans expiation, et pas d'expiation sans peine !

La première peine est celle de la confession, et la seconde peine est celle de la pénitence, qui suit la confession.

Mais, hélas ! où sont ceux qui se confessent et qui font pénitence, à notre époque d'indifférence et de sensualisme ?

Retournons sur nos pas ; pénétrons dans la nef latérale de droite.

Le premier vitrail est celui de Ste Marguerite.

Ste Marguerite, c'est la jeune fille qui, obéissant à l'appel irrésistible de Dieu, — sans néanmoins pouvoir faire taire tout à fait la voix impérieuse du sang, — ne s'éloigne du toit paternel qu'avec une grande tristesse dans l'âme :

Et abiit cum tristitiâ magnâ.

Mais, en compensation, Jésus-Christ, qui ne manque jamais d'accueillir ceux qui, pour lui, renoncent à tout, Jésus-Christ lui ouvre un asile dans son cœur :

Factus est Dominus refugium pauperi.

Et c'est là, dans ce cœur du Dieu d'amour, que Marguerite puise la force surhumaine de mourir pour lui et de s'envoler, triomphante, dans le Ciel, le front ceint de la couronne du martyre :

Data est ei corona et exivit victrix.

Grand enseignement pour toute jeune fille ! Elle n'a qu'à se poser, pendant quelques instants, devant le vitrail de Ste Marguerite, et, en l'examinant un peu, elle apprendra, sans peine, ce que le Catholicisme communique d'énergie invincible, même à l'âge le plus tendre et au sexe le plus délicat.

Oh ! qu'il serait à désirer que beaucoup de jeunes Bayonnaises, surtout parmi la classe ouvrière, s'inspirant de l'exemple de Ste Marguerite, aspirassent, dans la contemplation de son héroïsme, le courage d'un héroïsme non moins précieux, oui, l'héroïsme du mépris de l'or et des présents, pour conserver, intactes, leur innocence et leur vertu !

Le second vitrail est celui de St Jacques, apôtre. St Jacques, c'est le marin abandonnant sa barque et ses filets pour être désormais le disciple de Jésus-Christ, qui, l'ayant rencontré sur sa route, l'invite à l'accompagner :

Relictis retibus, secuti sunt eum.

De pêcheur de poisson devenu prédicateur du Christianisme, il ne se borne pas à parler ; il confirme sa doctrine par son dévouement et sa sainteté :

Erat potens in verbo et in operibus.

Il va jusqu'où doit aller, s'il le faut, le véritable apôtre ; il va jusqu'au sacrifice de sa vie. Oui, il meurt victime de la cruauté d'Hérode :

Occidit Herodes Jacobum, fratrem Joannis, gladio.

Il y a des marins à Bayonne ; il y a des hommes qui vivent du fruit de leur pêche, comme St Jacques.

Et ces marins ne sont pas les seuls. A vrai dire, tous les prolétaires, tous les ouvriers, qui gagnent si difficilement leur vie, ne sont-ils pas comme des marins sur l'Océan de ce monde ? Et même, cet Océan étant plus agité et plus avare que l'autre, n'y attrapent-ils pas, avec plus d'efforts et de sueurs, leur pain de chaque jour ?

Si, du moins, ils étaient de bons Chrétiens !

Pour s'en convaincre, il n'y aurait qu'à pénétrer dans le sanctuaire caché de leur conscience.

Eh! fussent-ils bons Chrétiens, là, secrètement, ce ne serait pas assez : Tout Catholique, étant un *être social*, doit pratiquer *socialement* la Religion. La société catholique, à laquelle il appartient et de qui il relève, a droit *au spectacle extérieur de sa vie catholique*.

Le troisième vitrail est celui de Ste Thérèse.

Ste Thérèse, c'est la riche héritière qui, préférant Dieu aux créatures, s'enfonce dans le cloître.

En envisageant les choses au point de vue de l'éternité, vers laquelle nous tendons tous inévitablement, ne choisit-elle pas la meilleure part ?

Optimam partem elegit.

Mais quelque ardent que fût, en Ste Thérèse, l'esprit de renoncement, n'y eût-il point, dans son imagination, des retours instinctifs vers ces richesses, ces plaisirs, ces affections et ces fêtes, qu'elle laissait derrière elle ? N'importe ; son âme était remplie de l'amour divin, et cet amour lui fit endurer, avec une constance inébranlable, cette longue mort, qui s'appelle l'état religieux, jusqu'à ce qu'elle arrivât à cette mort instantanée par laquelle on entre dans l'éternelle vie :

Fortis est ut mors dilectio.

Aussi, le moment de ce solennel et mystérieux passage fut-il pour elle, non pas un moment de terreur et d'angoisse, mais une aurore et un avant-goût de la félicité du Ciel :

Beati mortui qui in Domino moriuntur !

Dans les hautes classes de la société, à Bayonne, peut-être y a-t-il de ces jeunes filles dont le monde n'est pas digne : véritables anges incarnés que Dieu ne fait que prêter à la terre pour la consoler par une vision radieuse de l'autre monde !

Ah ! que ces enfants gâtées de la Providence se réjouissent de leur sublime vocation !

A la place de ces créatures perfides et changeantes, à qui elles auraient fatalement rivé leur destinée, elles trouveront, dans le calme de la solitude, un époux pur et fidèle qui les enivrera de l'immortalité de son amour.

Précisément, à deux pas de Bayonne, s'élève un couvent de Ste Thérèse ; et sa place est bien là, oui là, en vue de cette Espagne, où Ste Thérèse est née, et où elle a rendu le dernier soupir, et d'où, sans doute, elle fait rejaillir sur toutes les Carmélites de l'univers, et, en particulier, sur celles de la frontière voisine, un rayonnement de sa sainteté.

Le quatrième vitrail est celui de St Etienne.

St Etienne est le jeune homme dans la force de l'âge qui, pratiquant la charité envers le prochain, tient ainsi son âme toujours prête à recevoir l'effusion de la grâce de Dieu :

Compatiebatur anima mea pauperi.

Oui, la charité mène à Dieu. Aussi St Etienne vit-il, au-dessus de sa tête, les cieux ouverts :

Video cœlos apertos.

Et c'est incontestablement cette vision extatique qui lui fit supporter, sans faiblesse, le choc violent et meurtrier de ces pierres, sous lesquelles on put bien écraser son corps, mais non pas son âme ; le corps brisé gîsait sur le sol, mais l'âme libre s'élançait vers Jésus-Christ sur les ailes du ravissement :

Lapidabant Stephanum.

Jeunes gens de Bayonne, vous êtes à l'âge de Saint Etienne, au beau printemps de votre existence.

Pourquoi, à l'exemple de St Etienne, que je vous donne pour patron, ne pratiqueriez-vous pas la charité, surtout envers ce qu'il y a de plus délicat et de plus fragile ici bas ?

A vous, Dieu vous a fait spécialement don de l'intelligence et de la force ; et il a laissé surtout en partage la sensibilité et la faiblesse à ces êtres qui sont vos sœurs, quoiqu'elles ne soient pas, vulgairement parlant, de la même famille.

Il faudrait que tous les jeunes hommes environnassent de leur respect et de leur protection les jeunes filles, et qu'ils formassent, autour d'elles, une garde d'honneur.

Oh ! alors, jeunes Bayonnais, vous auriez la foi, une foi vive, dont les rayons brilleraient, en votre âme, comme l'aube terrestre de la pleine lumière du Ciel.

Eh ! avec la foi, plus de respect humain ! Un coup d'œil ou un coup de langue vous seraient aussi indifférents qu'un coup de pierre.

Vous seriez les nobles héros du Catholicisme ! Plus que cela : vous en seriez, moralement, les glorieux martyrs !

Le vitrail des jeunes gens de Bayonne, c'est le vitrail de St Etienne, le premier martyr du Catholicisme.

Ainsi, le long des deux nefs latérales, on parvient à un double vitrail, à celui de St Pierre et à celui de St Etienne. Eh ! nous l'avons constaté, ces deux Saints sont des martyrs. Qu'est-ce à dire, sinon que la vie présente — d'après une observation déjà faite ailleurs — est une vie d'épreuve et d'expiation, à cause du péché d'origine et de nos péchés actuels ?

C'est avec une égale convenance qu'au fond de ces deux nefs, dans les deux chapelles qui en sont le couronnement, on rencontre le vitrail de St André et le vitrail de la Ste Vierge, mère de Dieu ; car St André et la Ste Vierge ne sont-ils pas d'excellents modèles du vrai Christianisme ?

St André entend, un jour, Jésus-Christ lui dire : Viens après moi !

Ait illis : venite post me.

Et St André y va. Mais pourquoi va-t-il après Jésus-Christ ? Il y va, non pas seulement pour écouter sa doctrine, mais pour la pratiquer, parce que la fidélité à la doctrine est l'unique source du vrai bonheur :

Gustaverunt bonum Dei verbum.

Peut-il, en effet, y avoir de vrai bonheur en dehors de la justice ?

La justice rendit St André heureux en ce monde, et elle le rendit à jamais heureux dans l'autre, où il a reçu la couronne de l'immortalité :

Imposita est mihi corona justitiæ.

Que dire maintenant de la Ste Vierge, qui sut si bien, par sa prudence et sa modestie, se préserver du contact des passions mauvaises et du péché ?

Quelle autre femme a mérité, comme elle, d'entendre un envoyé céleste lui adresser ces étonnantes paroles :

Ave, gratiâ plena, Dominus tecum.

Je vous salue, pleine de grâce, le Seigneur est avec vous.

N'importe ; malgré sa pureté et sa sainteté incomparables, que n'a-t-elle pas eu à souffrir ici bas ?

Depuis l'étable de Bethléem, où elle enfanta Jésus-Christ et le coucha, à regret, dans la crèche sur un peu de paille, jusqu'au Calvaire, où, après l'avoir descendu de la Croix, elle le coucha dans le tombeau, sur la pierre nue, que d'angoisses et de supplices pour son cœur de mère !

Peperit filium et reclinavit eum.

Mais après les angoisses, après les supplices, est venu pour elle, comme pour St André, le diadème de la gloire et du bonheur :

Posuit rex diadema in capite ejus.

Le vitrail de St André et le vitrail de la Ste Vierge, en nous présentant le type vivant du vrai Christianisme, sont la transition toute naturelle aux vitraux du transept qui, à droite et à gauche, dans les hauteurs de l'espace, nous montrent tous ces saints, entrés dans la gloire céleste, après avoir passé à travers les tribulations de la terre.

Dans le transept, à gauche, ce sont, l'un à la suite de l'autre, les vitraux de St Prosper, de St François d'Assise, de St Edouard et de Ste Cécile ; à droite, ce sont les vitraux de St Léon, Evêque de Bayonne, de St Etienne, de St Dominique et de Ste Hélène.

Or tous ces saints, dont les vitraux du transept reproduisent à nos regards le visage transfiguré, que sont-ils ? Ils sont comme les saints, dont les vitraux des deux nefs latérales offrent la galerie animée et saisissante, c'est-à-dire des hommes, des femmes de tout âge, de toute condition, depuis l'artiste jusqu'au Pontife et au Roi. Ils portent, chacun dans sa main, les insignes de leur état, comme pour indiquer qu'à tous les degrés de l'échelle sociale on peut se sauver dans le Catholicisme.

Mais le Catholicisme ne date pas d'hier : il est le Christianisme, né au Paradis Terrestre, à l'heure mémorable de la promesse d'un Rédempteur, et perpétué depuis lors à travers les siècles. Ce Rédempteur à venir et ce Rédempteur venu, c'est tout le Christianisme, le Christianisme initial et le Christianisme complet.

Nous sommes, nous, de ce Christianisme, qui ramène à ce Rédempteur venu — et venu pour ne plus s'en aller. Nous sommes du Christianisme qui nous rattache efficacement à Jésus-Christ, continuellement et substantiellement présent à l'humanité.

Dans une Eglise, consacrée au culte catholique, Jésus-Christ occupe la place principale, au fond du sanctuaire. Nous l'avons déjà dit : dans l'Eglise St-André de Bayonne, c'est là, oui là que réside Jésus-Christ.

C'est donc bien qu'on ait installé autour de ce sanctuaire, où Jésus-Christ habite, quelques-uns de ceux que Jésus-Christ aima pendant qu'il était visiblement sur la terre, et qu'il aime encore, quoique caché ici bas, dans l'ombre paisible du mystère. Ils furent, jadis, sa société intime et favorite ; ils le sont, de même, aujourd'hui.

Parcourez successivement les vitraux du sanctuaire. A gauche, le premier vitrail est de St Joseph, le second de la Ste Vierge, le troisième de St Marc et le quatrième de St Mathieu ; à droite, le premier vitrail est de St Jacques, le second de Ste Marie Magdeleine, le troisième de St Luc et le quatrième de St Jean.

Je ne me trompais pas en affirmant que c'étaient là les familiers de Jésus-Christ pendant sa vie mortelle : oui, sa mère, son père nourricier, son apôtre de prédilection, son amante la plus dévouée, ses quatre Evangélistes, parmi lesquels le disciple bien-aimé !

N'étaient-ils pas les plus dignes de former, dans le sanctuaire, la cour mystique de Jésus-Christ ? N'étaient-ils pas aussi les plus aptes à être les derniers anneaux de cette chaîne mystérieuse, mais réelle, qui relie les âmes de ce monde à Jésus-Christ, et, par Jésus-Christ, à la Trinité ?

Cette Trinité auguste est là, tout entière, dans le triple vitrail de l'abside, le Père et le Fils aux deux côtés, et le Saint-Esprit au milieu — oui, le Saint-Esprit, qu'on voit, sous la forme symbolique de la colombe, dans la rosace centrale, planant au-dessus de l'œuvre des six jours, comme pour rappeler que c'est lui qui, après avoir présidé à l'ordonnance de la première création, est encore le seul qui puisse rétablir cette ordonnance troublée et organiser une seconde création, sœur transfigurée de la première.

Cette création restaurée est là, dans cette rosace centrale de l'abside ; elle y est toute rayonnante des beautés virginales de son premier printemps, suivant l'ordre de ses évolutions successives. Elle nage dans cet Océan de lumière colorée et de lumière blanche qui déborde des trois grandes roses de la façade et du transept, et des vitraux de la nef principale. Cette lumière blanche et cette lumière de diverses couleurs, qui semblent, chacune de son côté, jeter des lis et des roses, devaient inonder la première création, toute fraîche encore, au sortir des mains de Dieu (*). Elles vont bien à l'atmosphère purifiée d'une Eglise catholique, qui est l'image idéale du monde régénéré.

Et pour qu'on n'ignore pas que c'est à Jésus-Christ qu'est due cette réhabilitation universelle, la Croix, sur laquelle il mourut pour tout sauver, la Croix est au-dessus de tout, dans les vitraux les plus élevés.

Jésus-Christ donc ! Toujours Jésus-Christ !

A la fin du chapitre précédent, sur l'architecture, il était le pilote qui dirigeait ce magnifique vaisseau Chrétien, appelé l'Eglise de St André de Bayonne.

Maintenant, à la fin de ce chapitre sur la peinture, il est le chef de tous ces passagers du temps, qui voguent vers l'éternité, c'est-à-dire de toutes ces âmes de la terre qui, secourues par les âmes déjà triomphantes dans le Ciel et secourant elles-mêmes les âmes souffrantes dans le Purgatoire, font leur navigation terrestre sous le pavillon de Jésus-Christ. Et ce pavillon, arboré au-dessus du vaisseau chrétien et flottant dans les airs comme un signe d'espérance et de victoire, ce pavillon n'est autre que la Croix.

Allez, Bayonnais, allez à travers les flots de l'Océan de ce monde ! A l'ombre de cette Croix, vous ferez toujours bonne route, et vous aborderez, sans naufrage, aux rivages de la bienheureuse éternité !

Stat Crux, dùm volvitur orbis!
— Devise des Chartreux. —

(*) Sicut dies verni circumbabant eam flores rosarum et lilia convallium.

III.

LA MUSIQUE.

> Laudate Dominun in cymbalis
> benè sonantibus...
> Laudate eum in choro...
> Laudate eum in organo...
> (*Psal.*)

Au-dessus de l'Architecture, au-dessus de la Peinture, qui, par leurs créations merveilleuses, transfigurent ce que la matière a de plus grossier et de plus brut, s'élève la Musique, qui transfigure ce que la matière a de plus fin et de plus dégagé.

Qu'est-ce, en effet, que de la pierre, du bois et du métal? Qu'est-ce que des grains de poussière, n'importe leurs couleurs ?

Eh ! ce sont là les éléments, ingrats et rebelles, contre lesquels l'Architecture et la Peinture ont à lutter, avec une égale obstination.

La Musique, au contraire, nage et s'ébat à l'aise, dans la sphère élastique et docile de l'air. Rien ne l'arrête, rien ne l'enchaîne, dans ses libres et molles évolutions. Voilà pourquoi il m'a semblé vrai de prétendre qu'elle est la plus sublime des transfigurations.

Dieu n'a pas manqué de l'introduire dans la création, pour en être le dernier perfectionnement.

Il y a trois choses, que Dieu aime par dessus tout, parce qu'elles sont le triple reflet de lui-même ; ces trois choses sont: l'*ordre*, la *lumière* et l'*harmonie*.

Mais que serait l'ordre, que serait la lumière, sans l'Harmonie ?

L'Harmonie n'est-elle pas la sœur ainée de l'ordre et de la lumière ?

Quoi qu'il en soit, nous avons saisi la présence de l'ordre, dans l'univers, en parlant de l'Architecture, qui n'est que l'ordre introduit dans la matière, et la présence de la lumière, en parlant de la Peinture, qui n'est que la lumière se jouant dans les couleurs.

Il n'est pas difficile de constater la présence de l'Harmonie, dans tous les orbes de la création, depuis l'insecte qui bourdonne dans l'herbe, sous nos pieds, jusqu'aux astres, qui roulent, en cadence, dans les hauteurs de l'espace.

Et, entre l'insecte imperceptible, à cause de sa petitesse, et l'étoile, imperceptible aussi, à cause de son éloignement, n'entendez-vous pas le souffle de la brise, le murmure du ruisseau, le frôlement des feuilles, le fracas du tonnerre et d'autres bruits encore, et, au-dessus de tous ces bruits, le roulement immense et solennel de la mer, qu'un poète a si bien nommée :

> La basse sans repos d'un éternel concert ;

concert éternel, en effet, qui dure depuis le commencement du monde, parce que les artistes, qui en font les parties diverses, sont toujours là, sous la main et aux ordres de l'infatigable chef d'orchestre.

Et cet infatigable chef d'orchestre, c'est Dieu ! Oui, je proclame hautement Dieu le *premier Musicien du monde*, comme je l'ai déjà proclamé le *premier Architecte* et le *premier Peintre !*

Mais que sont tous ces bruits, qui forment le concert de la création, que sont-ils, si l'homme ne se mêle pas, par les accents de sa voix ou par l'accord de ses instruments, à cet hymne universel, qui, descendu de Dieu, doit remonter à Dieu ? C'est une apostasie !

Eh ! cette apostasie n'est, hélas ! que trop fréquente et trop générale !

La Musique, étant le point culminant de l'art, ceux qui se précipitent volontairement de ce sommet élevé, ressemblent, non-seulement à l'homme déchu, mais à l'ange tombé. Eh ! aujourd'hui que de Lucifers de ce genre !

La Musique moderne ne trahit-elle pas son rôle régénérateur ?

Dans le cercle des idées et des sentiments de la nature, ne s'est-elle pas faite l'écho servile et abject des instincts les plus pervers et des passions les plus mauvaises ? Eh ! ce qu'il y a de plus lamentable, ne transporte-t-elle pas souvent, dans le lieu saint lui-même, la licence de ses inspirations dévergondées et lascives ?

La Religion catholique a pourtant sa musique traditionnelle ; musique qui a son esprit spécial et dont l'expression particulière est dans la cloche, le chant grégorien et l'orgue.

Le Catholicisme est la Religion de l'état présent de l'humanité ; aussi, dans le Catholicisme, est-ce un principe que nul n'est entièrement bon, nul n'est entièrement mauvais. Voilà pourquoi la véritable Musique Catholique n'est ni l'expression de la joie complète, qui vient de la parfaite innocence, ni l'expression du désespoir inconsolable, qui vient d'une irrémédiable réprobation. La Musique Catholique rend cette nuance délicate entre la joie et la tristesse ; si j'osais le dire, dans le Catholicisme, la joie pleure, et les larmes sont des perles brillantes, à travers lesquelles scintillent les rayons de la joie.

C'est là le secret de la gravité, pleine d'onction, qui est le cachet de la Musique Catholique.

Oui, dans le Catholicisme, la cloche, cette propriété exclusive du vrai Christianisme, si elle m'électrise et me fait bondir, avec ses triomphantes volées et ses joyeux carillons, la veille des grandes fêtes, ne m'attriste-t-elle pas, au contraire, et ne me fait-elle pas gémir, avec ses glas lugubres, au jour sombre des funérailles ?

Et, entre ces deux extrêmes de l'allégresse épanouie et de la peine navrante, chaque fois que la cloche sonne, ne ressentons-nous pas je ne sais quelle émotion indescriptible, retentissement vague et obscur d'un cœur qui oscille toujours sur la frontière glissante du bien et du mal ?

Quant au chant grégorien, même lorsque l'assemblée chrétienne, à l'heure riante de ses principales solennités, fait retentir, dans un commun élan de ferveur, ses chants de reconnaissance et de victoire, n'y a-t-il pas, au sein de ces explosions de bonheur, je ne sais quoi de poignant et de mélancolique ?

C'est ce que des hommes, légers et superficiels, ont reproché au chant grégorien, parce que, vivant dans le vide et dans l'illusion, en dehors des conditions actuelles de l'humanité, ils ne comprenaient pas la nature et la convenance de ce chant.

L'orgue n'a pas été à l'abri de ces critiques et de ces récriminations. Ce n'est pas étonnant, car l'orgue qu'est-il ? Selon la signification du mot latin, *organum*, — en français, *organe*, — l'orgue est l'organe de tous les bruits de la nature et de toutes les voix de la Création, sans en excepter la voix humaine, qui dans l'orgue a la première place.

Je défie qui que ce soit, — s'il a encore le sens chrétien, — d'ouïr, dans une église catholique, l'orgue s'éveiller et tressaillir, sous les doigts d'un artiste franchement religieux, sans être bientôt enlevé à lui-même, et être involontairement transporté je ne sais où, dans un autre monde.

C'est derrière un orgue, les deux mains sur le clavier, dans l'église de Notre-Dame-de-Lorette, à Paris, qu'un des grands musiciens de notre époque a senti, tout à coup, la grâce du repentir et de la conversion couler miraculeusement dans son âme. Il a suffi de cette illumination soudaine, pour que bien vite il soit devenu de juif chrétien, et de chrétien moine.

« Orgue catholique! orgue catholique! combien n'en
« as-tu pas ramené jusqu'à ce jour au Catholicisme, de
« ces âmes endormies et malades, qui sont bonnes au
« fond? Eh! combien, dans l'avenir, n'en ramènerais-
« tu pas encore si elles cédaient franchement à tes salu-
« taires inspirations! »

Mais où tout cela est-il, dans l'église de Saint-André de Bayonne?

Où sont les cloches? Où est le chant gréogrien? Où est l'orgue surtout?

Ces deux clochers sont bien là debout. Mais quand y aura-t-il dans eux ce qui doit les préparer à remplir leur mission divine? Ce n'est pas au hasard que je me sers de ce mot, *divine*, car les cloches, qui sont les hôtes naturels des clochers, sont destinées à appeler le peuple au service de Dieu ; et, -- chose digne de remarque, — l'Eglise Catholique, qui est la Religion du passé aussi bien que du présent et de l'avenir, l'Eglise Catholique, dans les prières admirables qu'elle emploie pour bénir les cloches, rappelle que cet airain sacré doit faire l'office des Trompettes de l'ancienne loi ! (*)

Empruntant même aux souvenirs de la Religion antique leur gracieuse poésie, elle dit que les cloches doivent être mélodieuses, comme la lyre de David. (**)

Elle dit qu'elles doivent être plus encore; car il faut que les sons, qui s'exhalent des cloches, soient comme les souffles d'un air pur venu du ciel. (***)

Et moi, enfant de l'Eglise Catholique, je m'empare de la fraîcheur et du charme de ces inspirations de ma mère, et je me plais d'avance à sentir courir sur ma peau un frisson involontaire, en entendant les cloches de Saint-André de Bayonne retentir jusqu'à moi, comme de bruyantes et infatigables trompettes.

Dans les sonneries moins solennelles, j'aime déjà à me bercer dans les accords sympathiques de ces cloches, dont les deux tours ne ressemblent pas mal, avec leurs légères et élégantes colonnettes, à de grandes harpes éoliennes suspendues dans les airs.

Le matin, à midi et le soir, je me laisse aller pieusement, par anticipation, au doux murmure de l'Angelus, que les cloches font onduler, dans l'espace, comme l'haleine paisible des brises célestes.

Eh ! je l'espère, ce qui n'est encore qu'un agréable rêve se changera en une réalité plus agréable encore. Oui, le moment viendra où, dans les clochers de l'Eglise de St-André de Bayonne, la voix des cloches, qui est la

---

(*) Deus qui per beatum Moysem legiferum famulum tuum tubas argenteas fieri præcepisti. *(Rit. Rom. Ben. Cam.)*

(**) Sicut Davidicâ cithara delectatus. *(Ibid.)*

(***) Cùm melodia illius auribus insonuerit populorum, crescat in eis devotio fidei.

voix du dehors, arrivera jusqu'à mes oreilles et à mon cœur, tantôt grave et terrible, tantôt encourageante et joyeuse.

A ce premier bonheur s'en joindra un second, lorsque, dans l'intérieur du Temple — quoique je ne sois qu'un nouveau-venu — admis au foyer de la famille chrétienne par une fraternelle hospitalité, j'enivrerai mon âme de ces flots d'harmonie catholique, qui s'épanchent du chant grégorien. Ce chant est celui de St-André de Bayonne, et je ne doute pas que des voix souples et remarquables — comme il y en a tant au pied des montagnes et sur les rives de l'Océan — ne fassent ressortir admirablement les beautés incontestables de ce chant providentiel. Non, il n'est pas de sacrifice que les Bayonnais ne soient prêts à s'imposer pour faire célébrer dignement les louanges de Dieu et faire monter jusqu'à son trône éternel les cris de leurs divers besoins de l'âme et du corps (*). Dans l'Eglise de St-André de Bayonne, tout sera en rapport; la beauté du chant répondra à la beauté de l'édifice sacré.

Mais ce chant, fût-il parfaitement exécuté, ne suffirait pas, s'il était seul. Eh! qui sait combien de temps il va l'être. Franchement, mieux vaudrait mille fois qu'il le fût à tout jamais que d'introduire dans le Temple nouveau l'orgue de la vieille Eglise. Cet orgue a fait son temps; il n'aspire plus qu'aux honneurs tardifs d'une irrévocable retraite. Ce serait donc lui faire violence et lui infliger une confusion imméritée que de le forcer à recommencer sa carrière, impuissant qu'il est à soutenir la gloire de son passé, par la vigueur et le charme

---

(*) Non certè mediocriter ad cultûs divini splendorem et animas ad Deum extollendas cantus ecclesiasticus juvat. (*Conc. Auscit*, pag. 93.)

de la voix de ses premières années. Non, non, pas du vieil orgue ! Paix et respect à sa vénérable décrépitude !

Dans cette Eglise charmante, il faut qu'il y ait un orgue neuf, et non-seulement neuf, mais encore convenable.

Qu'ai-je dit, *qu'il y ait un orgue ?* Cet orgue y est déjà ; mon imagination l'y a installé, par la double puissance du désir et de l'espérance. Je l'entends ; il résonne et palpite sous les doigts d'un artiste digne de ce nom, parce qu'il connaît ou mieux parce qu'il sent les grandeurs et les beautés du culte catholique. (*) Où suis-je ? Je ne suis pas encore au Ciel ; mais je ne suis déjà plus sur la terre. Je plane dans cette sphère haute et immense où monte l'âme, quand la Musique Chrétienne la ravit et la transporte.

Bayonnais ! vous aimez la Musique, comme l'aiment, du reste, les populations du Midi, à l'âme si ardente et si harmonieuse. Eh bien ! il est question, ici, de musique et de la plus belle de toutes, il est question de la Musique Catholique. Il s'agit de vous procurer un orgue, qui en est l'instrument indispensable, et puis, surtout, un organiste, qui soit réellement à la hauteur de son art si pur et si saint.

Administrativement, on ne peut plus vous secourir. Qu'importe : secourez-vous vous-mêmes, *charitablement!*

Souvenez-vous de l'immortelle devise : *Aide-toi, le Ciel t'aidera !*

(*) Organista, depulsis omminò theatralibus sonis, decorâ gravique organi modulatione intrà sacra officia canat suis vicibus.

(*Con. Ausc.*, pag. 92.)

Levez-vous tous comme un seul homme, et levez-vous l'aumône à la main !

Que le pauvre et le riche donnent, comme jadis, dans les siècles de foi et d'enthousiasme religieux ! Oui, que la simple servante, aussi bien que l'opulente rentière; que le pauvre manœuvre, aussi bien que le banquier millionnaire, apportent, chacun, leur offrande respective.

Pour être capable de ce sacrifice nouveau, après tant d'autres sacrifices, il n'y a qu'à mettre la main sur son cœur de catholique et à voir si ce cœur est éteint ou s'il bat encore pour de grands et de nobles dévouements.

Que dis-je, *son cœur de catholique ?* La charité fait de tous les hommes des frères, et c'est pour une œuvre de fraternité que je fais appel, en ce moment, à tous les cœurs généreux !

ÉPILOGUE.

> Domine, dilexi decorem domûs tuæ et locum habitationis tuæ. Ne perdas cum impiis, Deus, animam meam. *(Psal.)*

Que va devenir cet Opuscule, écrit au courant de ma plume ou plutôt au courant de mon cœur de prêtre catholique, pendant les sombres et tristes journées de l'arrière-saison? Va-t-il être comme ces feuilles sèches, que le vent glacé de l'hiver détache de la cime des arbres et emporte sur le bord du chemin? Mais voilà que le jardinier attentif recueille, d'une main prévoyante, ces feuilles abandonnées, et, après les avoir arrosées, il s'en sert pour faire, à des fleurs qu'il aime, un suc nourricier.

Eh bien! je ne désire pas d'autre sort à ce chétif Opuscule. Je dis *chétif*, car les feuilles qui le composent ne sont-elles pas les sœurs décolorées de ces pauvres feuilles du mois de novembre? Oui, c'était pendant que la bise soufflait à travers les campagnes, que ces feuilles se sont envolées de cet arbre, que nous avons tous à cultiver et qui s'appelle notre âme. Elles vont maintenant tomber le long de ces routes bruyantes où se pressent les hommes de ce siècle, si inquiets et si agités. Que je serais heureux si, en passant, quelques-uns de ces pélerins de la vie daignaient se pencher jusqu'à terre, à l'exemple du jardinier prudent, et si, ayant encore souci de ces belles fleurs, qu'on nomme les saintes pensées et les pieux sentiments, ils ramassaient ces feuilles tremblantes! Que je serais heureux surtout si, répandant sur elles quelques gouttes de cette rosée du cœur, qui est l'indulgence et la bonne volonté, ils sentaient germer en eux une éclosion nouvelle de l'esprit chrétien !

Du reste, c'est déjà beaucoup que les jouissances ineffables que j'ai éprouvées, lorsque, sous le souffle du feu sacré, mon âme a été transportée dans la sphère du *beau idéal*. J'ai vécu là, délicieusement, pendant de longues heures, au sein d'un monde plus calme et plus serein que notre monde orageux et rempli de bruit. Oui, j'étais hors de moi, bien au-dessus des petitesses et des criailleries de la terre, — lorsque, parlant de l'Architecture, j'imprégnais de la vie et de la sève chrétiennes les pierres du monument, — lorsque, dans le chapitre sur la Peinture, j'essayais de fondre dans la lumière naturelle des vitraux la lumière surnaturelle que Jésus-Christ versait en mon âme, — lorsque surtout, dans mes réflexions sur la Musique, je m'enivrais du son sympathique des cloches, de l'élan unanime du chant grégorien et des harmonies infinies de l'orgue !

Oh! merci, merci aux artistes distingués (*) qui m'ont procuré ces impressions délicieuses, en construisant l'Eglise de St-André de Bayonne avec tant de fidélité aux bonnes traditions de l'art catholique et en l'ornant de vi-

---

(*) MM. Durand et Guichenné, architectes à Bayonne, et M. l'abbé Goussard, de Condom (Gers).

traux, si remarquables par leur *sens chrétien*. Ces artistes méritent d'être placés au premier rang parmi les initiateurs du style gothique au sein de nos contrées. Aussi, au point de vue de l'idée et du sentiment, qui est le seul qui me convienne en cet Opuscule, suis-je content de reconnaître qu'ils ont fait dans ce monument religieux une véritable miniature ogivale ; oui, c'est une perle exquise des plus beaux jours du moyen-âge transportée, par enchantement, au XIXe siècle, sous notre splendide ciel du Midi.

Après tout, Jésus-Christ m'est témoin qu'en lançant cet Opuscule dans le public, il n'y a en moi qu'une double ambition — celle de mon salut et celle du salut de mes frères. Oui, je puis dire avec le prophète David :

Maître, j'ai aimé la beauté de votre maison et le lieu de votre demeure.

Ne perdez point mon âme, ô mon Dieu, avec celles des méchants, qui ne veulent plus de votre maison, parce que, pour avoir de l'or, ils ont tout sacrifié — justice et charité. Je vous remercie de m'avoir fait retrouver, en votre miséricorde et en votre pardon, la seconde innocence.

Ce n'est qu'en votre Eglise qu'on la retrouve, et soyez-en béni, à jamais béni (*) !

(*) Domine, dilexi decorem domûs tuæ et locum habitationis tuæ.

Ne perdas cum impiis, Deus, animam meam... in quorum manibus iniquitates sunt.

Ego autem in innocentiâ meâ ingressus sum ; redime me et miserere mei.

Pes meus stetit in directo ; in ecclesiis benedicam te, Domine.

(*Psal.*)

DIVISION DE L'OUVRAGE.

      Dédicace.

      Approbation épiscopale.

      Prologue.

I. — L'Architecture.

II. — La Peinture.

III. — La Musique.

      Epilogue.

Bayonne, Imprimerie de veuve Lamaignère.

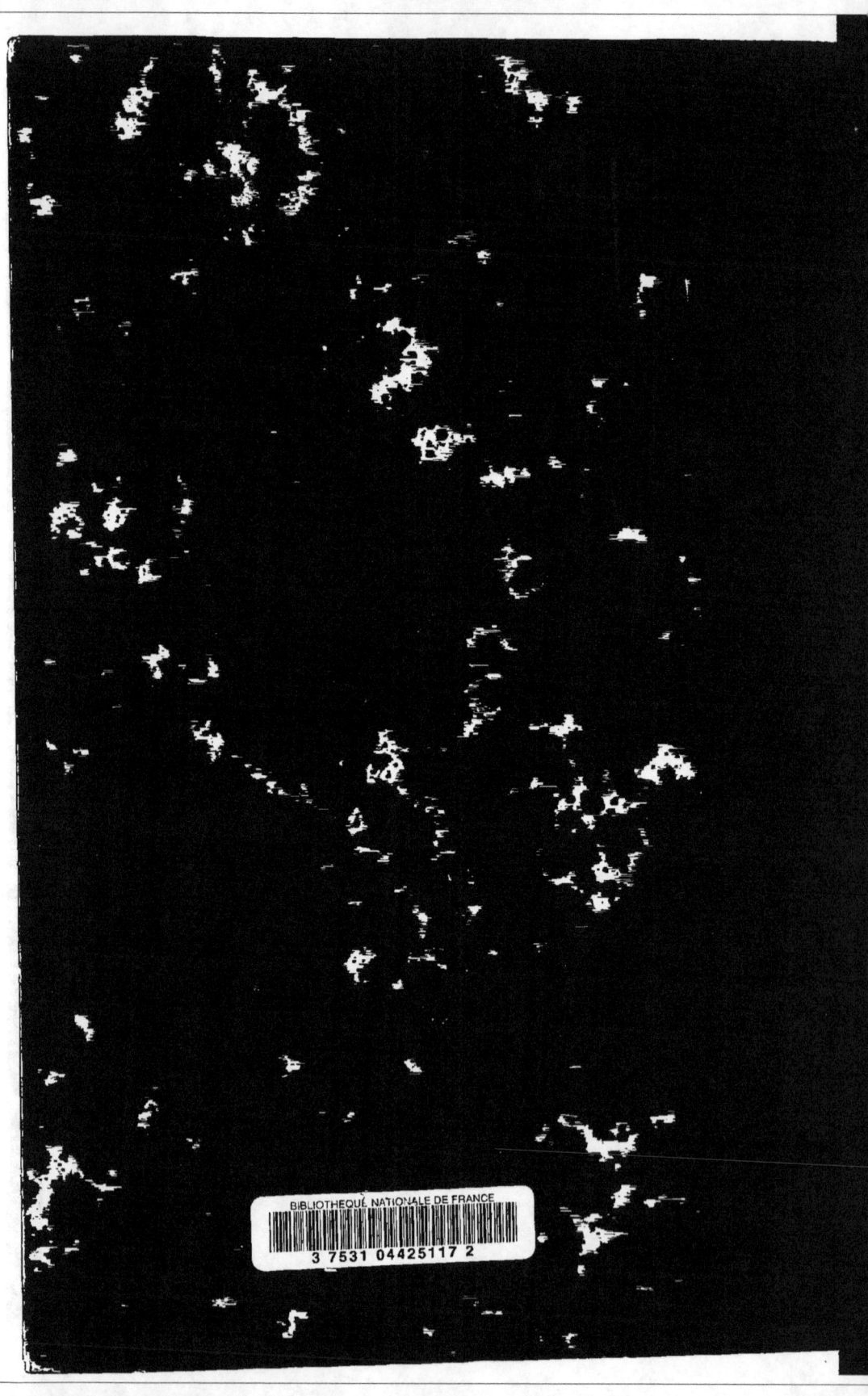